1. 관우(천천발재 天天發財)
2. 말(입신양명어천하 立身揚名於天下)
3. 잉어(등용문 登龍門)
4. 복(소문만복래 笑門萬福來)
5. 돼지(가재만관 家財萬貫)
6. 모란(낙양모단갑천하 洛陽牡丹甲天下)
7. 호랑이(산중호걸 山中豪傑)
8. 용(승천지룡 昇天之龍)

관우(천천발재 天天發財)

매일매일 재물이 쌓인다 – 재물을 기원

삼국지의 관우는 신격화되어 전쟁의 신인 관성제군(關聖帝君)이라 불렸다. 관우의 사당은 무묘(武廟)라 하며, 관우는 전쟁의 신, 무의 화신이라 한다. 9척(약 207cm)에 이르는 큰 키, 2자 길이의 긴 수염, 홍시처럼 붉은 얼굴, 기름을 바른 듯한 입술, 붉은 봉황의 눈, 누에가 누운 듯한 눈썹 등의 풍모로 묘사되는 관우상이다.

또한 재물을 관장하는 신으로도 추앙받고 있다.

말(입신양명어천하 立身揚名於天下)
지위를 확고히하여 천하에 이름을 알리다 – 과거급제를 기원

말은 출세, 인재, 장수, 부귀 등의 의미를 가지고 있는 동물로 출세는 물론 장수와 부귀를 빌어주는 의미와 입신양명을 기원하는 상징적인 동물이다. 그중 적토마는 관우가 타던 말로 재물을 상징한다.

특히 준마도는 큰 시험을 준비하는 선비들에게 전시급제의 기원이 담겨 있다.

잉어(등용문 登龍門)
어려운 난관을 극복하고 큰문에 들어서다 – 합격을 기원

잉어는 길상을 의미하며 풍요의 상징이기도 하다.
공부를 잘하여 용문을 거쳐 무사 합격하기를 기원하는 의미를 가졌으며
어려운 관문을 통과해 크게 출세하기를 바란다는 의미의 동물이다.

복(소문만복래 笑門萬福來)

웃으면 만 가지 복이 들어온다 – 집안의 재물과 화평을 기원

복은 인간의 힘을 초월한 천운에 의해서 저절로 돌아가는 운수를 뜻하며
시(示)와 복(畐)의 회의문자(會意文字)이다.
시는 하늘이 사람에게 내려서 나타낸다는 신의(神意)의 상형문자이고
복은 복부가 불러 오른 단지의 상형문자이다.

돼지(가재만관 家財萬貫)

집안에 재물이 넘쳐난다 – 집안의 재물이 가득하기를 기원

돼지는 부와 복을 상징하고 강한 번식력처럼 사업번창의 기원을 의미한다. 돼지는 지신과 풍요의 기원 그리고 길상으로 재산(財産)이나 복(福)의 근원, 집안의 재물신(財物神)을 상징하는 동물이다.

모란(낙양모단갑천하 洛陽牡丹甲天下)

낙양의 모란이 천하 제일이다 – 부귀를 기원

모란은 부귀를 가져다주는 부귀화로도 불리며 재물의 상징이고 화중지왕(花中之王)이다.
또한 모란은 권력에 굴하지 않는 절개를 상징하는 꽃이기도 하다.
꽃의 풍성함과 화려함이 큰 재물의 상징처럼 많은 부귀를 의미하는 꽃이다.

호랑이(산중호걸 山中豪傑)

산속의 호걸 – 호랑이의 기상을 기원

호랑이는 신령스러운 동물 여덟 종 중 주인공으로 용맹함을 기리는 의미가 있고 호랑이의 영험함은 화재, 수재, 풍재를 막아주고, 병난, 질병, 기근의 삼재를 막아 달라고 하는 기원의 의미가 있는 동물이다.

용(승천지룡 昇天之龍)

하늘을 날아오르는 용 – 재물과 권력을 기원

용은 신성하고 상서로움을 상징하는 동물이며 권력과 재물을 의미한다. 용의 모습은 9가지를 닮은 동물로 얼굴은 낙타, 뿔은 사슴, 배는 대합, 눈은 토끼, 몸통은 뱀, 코는 돼지, 비늘은 물고기, 발은 매, 귀는 소와 닮았다. 입신출세를 기리며 복을 기원하는 의미가 있는 동물이다.